MEUS HERÓIS NÃO VIRARAM ESTÁTUA

LUIZ BOLOGNESI E PEDRO PUNTONI

Meus heróis não viraram estátua
© Luiz Bolognesi, 2012; © Pedro Puntoni, 2012

Gerente editorial   Fabricio Waltrick
Editora   Lavínia Fávero
Editoras assistentes   Gislene de Oliveira, Thaíse Macêdo
Coordenadora de revisão   Ivany Picasso Batista
Revisoras   Cláudia Cantarin, Cátia de Almeida, Ana Luiza Couto

ARTE
Projeto gráfico   Elisa von Randow, Thatiana Kalaes
Coordenadora de arte   Soraia Scarpa
Assistente de arte   Thatiana Kalaes
Tratamento de imagem   Cesar Wolf, Fernanda Crevin
Pesquisa iconográfica   Angelita Cardoso, Evelyn Torrecilla

CIP-BRASIL. CATALOGAÇÃO NA FONTE
SINDICATO NACIONAL DOS EDITORES DE LIVROS, RJ

B675m

Bolognesi, Luiz, 1966-
Meus heróis não viraram estátua / texto Luiz Bolognesi e Pedro Puntoni. - São Paulo: Ática, 2012.
64p.

Acompanha DVD
ISBN 978-85-08-16050-1

1. Brasil - História. I. Puntoni, Pedro, 1967-. II. Título.

12-3672.   CDD: 981
                                                                  CDU: 94(81)

ISBN 978 85 08 16050-1 (aluno)
ISBN 978 85 08 16051-8 (professor)
Código da obra CL 738224

2012
1ª edição
1ª impressão
Impressão e acabamento: Ricargraf

Todos os direitos reservados pela Editora Ática, 2012
Av. Otaviano Alves de Lima, 4400 — CEP 02909-900 — São Paulo, SP
Atendimento ao cliente: 4003-3061 — atendimento@atica.com.br
www.atica.com.br — www.atica.com.br/educacional

IMPORTANTE: Ao comprar um livro, você remunera e reconhece o trabalho do autor e de muitos outros profissionais envolvidos na produção editorial e na comercialização das obras: editores, revisores, diagramadores, ilustradores, gráficos, divulgadores, distribuidores, livreiros, entre outros. Ajude-nos a combater a cópia ilegal! Ela gera desemprego, prejudica a difusão da cultura e encarece os livros que você compra.

CRÉDITO DAS IMAGENS
p. 4 celular: 3Dstock/Shutterstock/Glow Images; casal: Stocknadia/Shutterstock/Glow Images; **p. 5** ilustração de Elisa von Randow; **p. 6-7** Carlos Luvizari/Acervo do fotógrafo; **p. 8** estátua de Borba Gato: Daniel Cymbalista/Pulsar Imagens; placa da Avenida dos Bandeirantes: Arquivo da editora; **p. 9** TopFoto/Grupo Keystone; **p. 10** Juca Martins/Olhar Imagem; **p. 12-13** Antonio Gauderio/Folhapress; **p. 14** Hulton-Deutsch Collection/Corbis/Latinstock; **p. 15** Ho/AP Photo/Glow Images; **p. 17** Wesley Bocxe/Photo Researches RM/Getty Images; **p. 18** Paulo Fridman/Pulsar Imagens; **p. 21 e 23** Museu Paulista/USP, São Paulo (SP); **p. 24** Palê Zuppani/Pulsar Imagens; **p. 27** Marcos Peron/Kino; **p. 29** Alexandre Tokitaka/Pulsar Imagens; **p. 30** Marcos André/Opção Brasil Imagens; **p. 33** Fernando Alvim/Futura Press; **p. 34** José Patrício/Agência Estado; **p. 37** Giorgio Ronna/Folhapress; **p. 38** Rosane Marinho/Folhapress; **p. 41** Ingo Meyer/Tyba; **p. 42** Alessandro Buzas/Futura Press; **p. 47** Museus Castro Maya/Div. Iconografia, Rio de Janeiro (RJ); **p. 48** Coleção particular; **p. 51** Acervo Iconographia/Reminiscências; **p. 52** Luiz Bolognesi/Acervo do autor; **p. 55** Edson Caetano/Agência Estado; **p. 56** Acervo Iconographia/Reminiscências.

Imagem de capa Monumento a Ulysses S. Grant, em Washington (DC), EUA: Nicolas Raymond/Shutterstock/Glow Images

DVD LUTAS.DOC – FICHA TÉCNICA

Direção e roteiro   Daniel Augusto, Luiz Bolognesi
Produção   Caio Gullane, Fabiano Gullane, Laís Bodanzky, Renata Galvão
Produção executiva   Caio Gullane, Fabiano Gullane, Sônia Hamburger
Coprodução   Gabriel Lacerda, Débora Ivanov
Direção de fotografia   Mauricio Tibiriçá, Rodrigo Menck
Montagem   Daniel Augusto, Luiz Bolognesi, Alessandra Iglesias
Trilha sonora original   Instituto
Identidade visual   Bijari
Animação   LightStar Studios
Som   Samuel Braga "Samuca"
Direção de produção   Fernando Ribeiro
Supervisão de pós-produção   Patrícia Nelly
Depoentes   Ambrósio Vilhalva, Contardo Calligaris, Danilo Santos de Miranda, Eduardo Giannetti, Esmeralda Ortiz, Esther Hamburger, Fernando Henrique Cardoso, Ferréz, Gilberto Dimenstein, João Pedro Stédile, John M. Monteiro, José Fernandes Soares, José Júnior, Laura de Mello e Souza, Leandro Karnal, Lisa Gunn, Luís Inácio Lula da Silva, Luis Mir, Márcia Tiburi, Marina Silva, Milton Hatoum, Pedro Puntoni, Olgária Matos, Reinaldo Pamponet Filho, Soninha Francine, William Macena
Realização   Gullane e Buriti Filmes
Duração   132 minutos

MISTO
Papel produzido a partir de fontes responsáveis
FSC® C102676

SUMÁRIO

04 **A HISTÓRIA É SEMPRE UMA VERSÃO**

06 QUEM ESCOLHE OS HERÓIS?

12 COMO SERÁ O FUTURO?

26 OS HERÓIS QUE VIRARAM ESTÁTUA

44 HERÓIS SEM ESTÁTUA

58 **QUEM SÃO OS SEUS HERÓIS?**

60 *LUTAS.DOC*: A HISTÓRIA CONTINUA EM DVD

62 REFERÊNCIAS

A HISTÓRIA É SEMPRE UMA VERSÃO

O FATO: DOIS NAMORADOS conhecidos por sua grande paixão e invejável lealdade brigam e se separam repentinamente. A notícia corre pelos corredores da escola e pelas redes sociais. Como aconteceu? O amor acabou? Houve traição? Quem dispensou quem?

Os boatos voam. Uns dizem que ele ficou com a melhor amiga dela. Outros espalham que ela havia ficado com não sei quem antes. Há ainda os que dizem que é tudo mentira, eles resolveram se separar porque simplesmente não se amavam mais. No meio de tantos boatos, todos querem saber o que realmente aconteceu. O problema é que a versão dela não é a mesma que a versão dele. Há duas versões diferentes sobre os acontecimentos. Qual é a verdade?

Podemos recorrer a depoimentos de terceiros para validar uma ou outra versão. Alguém tem um bilhete que ele teria enviado à melhor amiga dela com palavras suspeitas. Outros têm no celular uma foto dela tomando cerveja com não sei quem numa comprometedora tarde de sexta-feira. Ou seja, documentos e provas são anexados às duas versões para certificar a "verdade" dos fatos.

Duas verdades diferentes são erguidas com documentos comprovando suas teses. Como pode haver duas verdades sobre um mesmo fato?

O fato é que não há mais fato. O fato se extinguiu um segundo após o momento da separação. A partir desse momento, apenas as versões dos fatos ficam para a História.

A dela e a dele. Duas verdades em conflito, que vão se opor e dividir opiniões até o fim dos tempos.

História é isso. Um conjunto de versões dos fatos apoiados em documentos escolhidos por quem quer comprovar a sua verdade.

Então é tudo mentira? Não. São as verdades possíveis. E cada um quer impor a sua verdade contra a verdade do outro. As versões da História vivem em combate umas contra as outras. E muitas vezes quem tem mais força militar ou econômica, ou então quem tem mais prestígio e charme, consegue fazer predominar a sua versão da História.

O pensador francês Michel Foucault dizia em suas aulas e deixou escrito em seus livros que toda verdade é resultado de um jogo de forças entre muitas verdades construídas. Para Foucault, todo discurso, toda explicação de alguma coisa, exprime uma vontade de poder, uma vontade de se impor e de estabelecer um pensamento dominante.

É muito importante entendermos isso. Percebendo essa maneira de compreender o que é verdade, a gente se torna menos ingênuo. Viramos pensadores críticos.

O que é um pensador crítico? É aquele que duvida, tem sempre uma segunda pergunta para avaliar uma afirmação. Se você é dessas pessoas que têm ideias próprias e não engolem a primeira versão que lhes é jogada, é a pessoa certa para devorar este pequeno livro que, por algum acaso da História, acabou caindo em suas mãos.

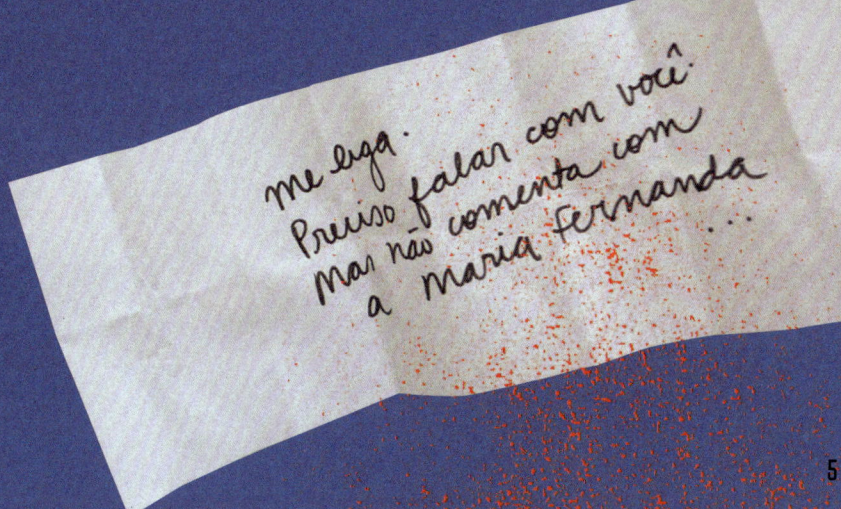

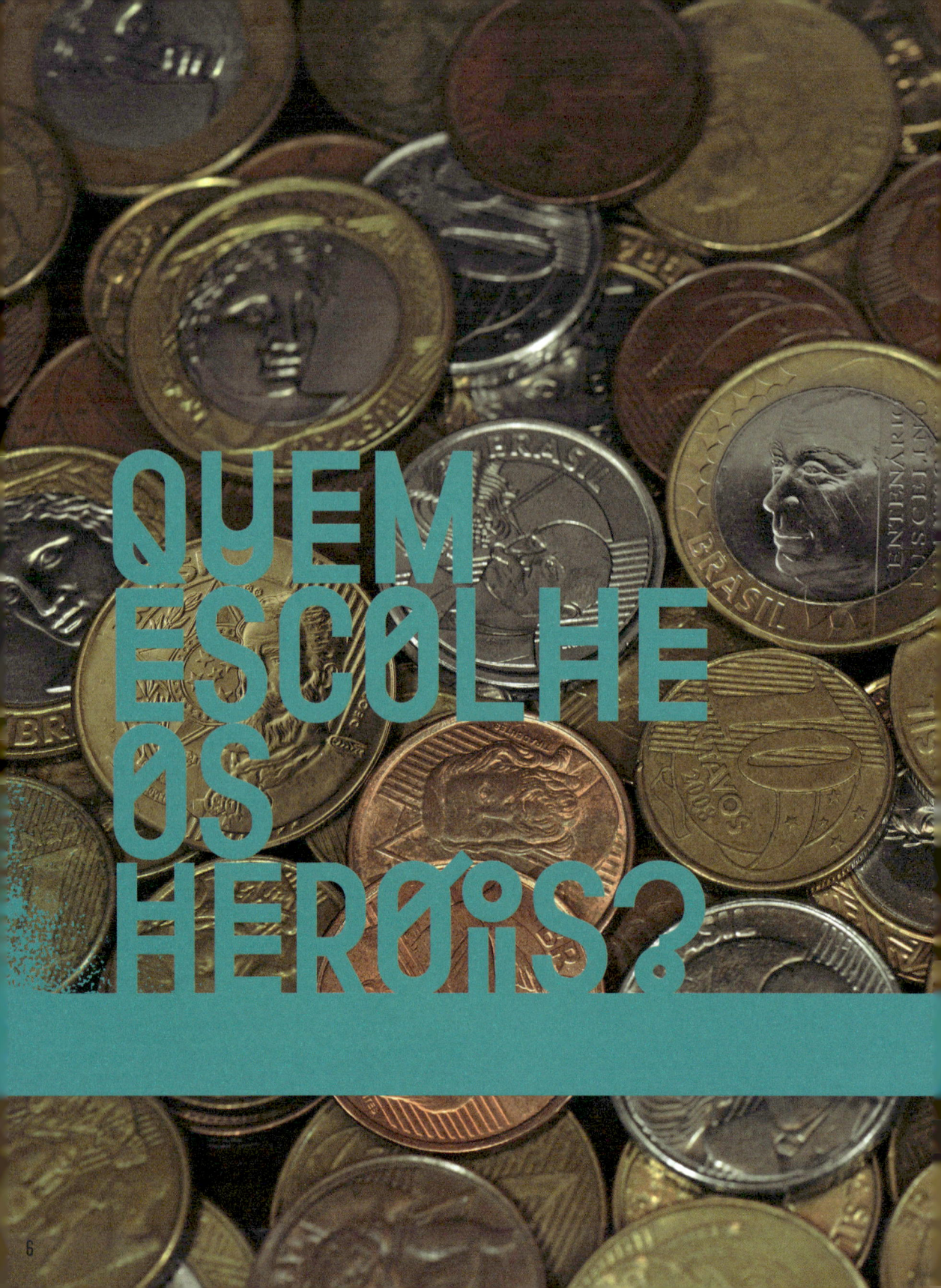

QUEM ESCOLHE OS HERÓIS?

São as mesmas pessoas que mandam fazer o dinheiro?

São as mesmas que escolhem os nomes das ruas e mandam fabricar estátuas para enfeitar as praças?

As mesmas que decidem os personagens dos filmes?

A HISTÓRIA É ESCRITA PELOS VENCEDORES

A HISTÓRIA, COMO UM DISCURSO capaz de desenhar a nossa memória coletiva, é também um instrumento de poder. Nela, predomina o relato do ponto de vista daqueles que venceram. Esses grupos dominantes acabam (mesmo inconscientemente) contando uma História de acordo com os seus próprios interesses.

Isto sempre foi assim, ainda mais nos tempos em que o domínio da escrita era quase uma exclusividade das classes mais abastadas. Há, no entanto, outras histórias sendo contadas, e a História é também um lugar de combates e conflitos. As diversas versões do passado estão diretamente ligadas ao presente que as produz. Além disso, eleger uma determinada versão para ser a história "oficial" significa deixar as outras versões para trás. Ou seja, esse registro serve para que uma versão dos fatos fique guardada na memória coletiva, enquanto as demais são esquecidas. As pessoas no presente – nós! – pensam o passado também em função de suas esperanças e expectativas para o futuro. Toda história está ligada aos desejos ou ao entendimento do que será o futuro.

O futuro é uma expectativa, aquilo que desejamos ou imaginamos que poderá acontecer. Do ponto de vista de quem tem privilégios, pode ser a manutenção dos privilégios e, portanto, do presente. Para quem aspira a mudanças, pode ser a alteração do presente. Desta forma, cada ponto de vista olha para trás, para o passado, buscando entender onde está e para onde deseja ou poderá ir.

p. 8: Estátua de Borba Gato em Santo Amaro, São Paulo (SP), e placa de identificação da Avenida dos Bandeirantes.

p. 9: Capitão Nascimento, personagem de Wagner Moura no filme *Tropa de elite* (Dir. José Padilha. Universal Pictures do Brasil, 2007).

p. 10: Estátua de Duque de Caxias na Praça Princesa Isabel, São Paulo (SP).

Para saber esta resposta, temos que indagar o passado.

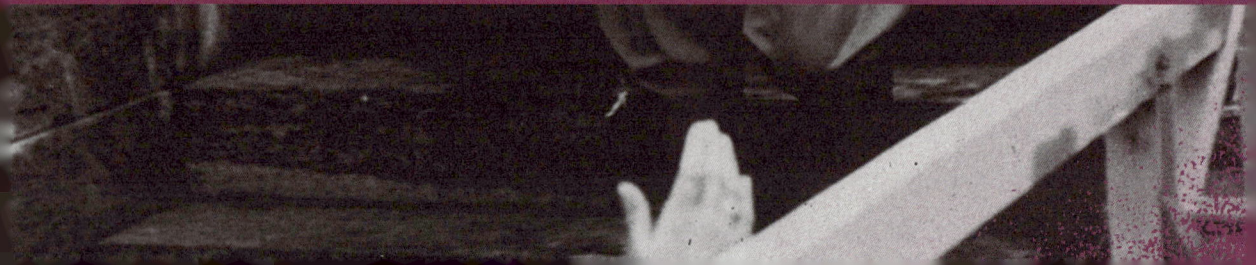

A História é capaz de mudar

a visão que temos de uma época.

QUAL A DIFERENÇA ENTRE UM HERÓI E UM VILÃO?

MUITOS FILÓSOFOS, políticos, atletas, artistas, cientistas, historiadores e jornalistas em várias partes do mundo consideravam Hitler o grande herói do seu tempo. Ele seria um líder purificador, capaz de modificar o futuro da humanidade.

Programas de rádio, óperas, filmes, jornais e livros exaltaram a grandeza de Hitler. Milhões de pessoas erguiam seus braços para saudá-lo com reverência nas décadas de 30 e 40 do século passado.

Muitos filósofos, políticos, atletas, artistas, cientistas, historiadores e jornalistas em várias partes do mundo consideram hoje Hitler um dos maiores monstros da História da humanidade.

Um ditador sanguinário e racista, responsável pelo Holocausto, um dos maiores genocídios da História: a morte de milhões de pessoas durante a Segunda Guerra Mundial (1939-1945), dentre elas judeus, ciganos, deficientes físicos, homossexuais e jovens soldados. Dezenas de filmes foram e continuam sendo feitos retratando Hitler como um facínora.

A História envolve muitos personagens. São figuras que nem sempre são apresentadas como se fossem reais, seja para o bem ou para o mal. Conhecer diversas versões sobre tais personagens ajuda a entender a complexidade dos acontecimentos que os envolvem e a ter uma visão mais ampla e crítica.

p. 12-13: Braço do rio Negro repleto de toras abatidas clandestinamente da Floresta Amazônica, Manaus (AM).

p. 14: Hitler sendo aclamado pela multidão em Berlim, Alemanha, em 1939.

p. 15: Crianças no campo de concentração de Auschwitz, na Polônia, símbolo do Holocausto.

p. 17: Estátua de Saddam Hussein na praça de Fardus, no centro de Bagdá, momentos antes de ser derrubada pelos iraquianos em abril de 2003.

Por que se erguem e se derrubam estátuas a heróis?

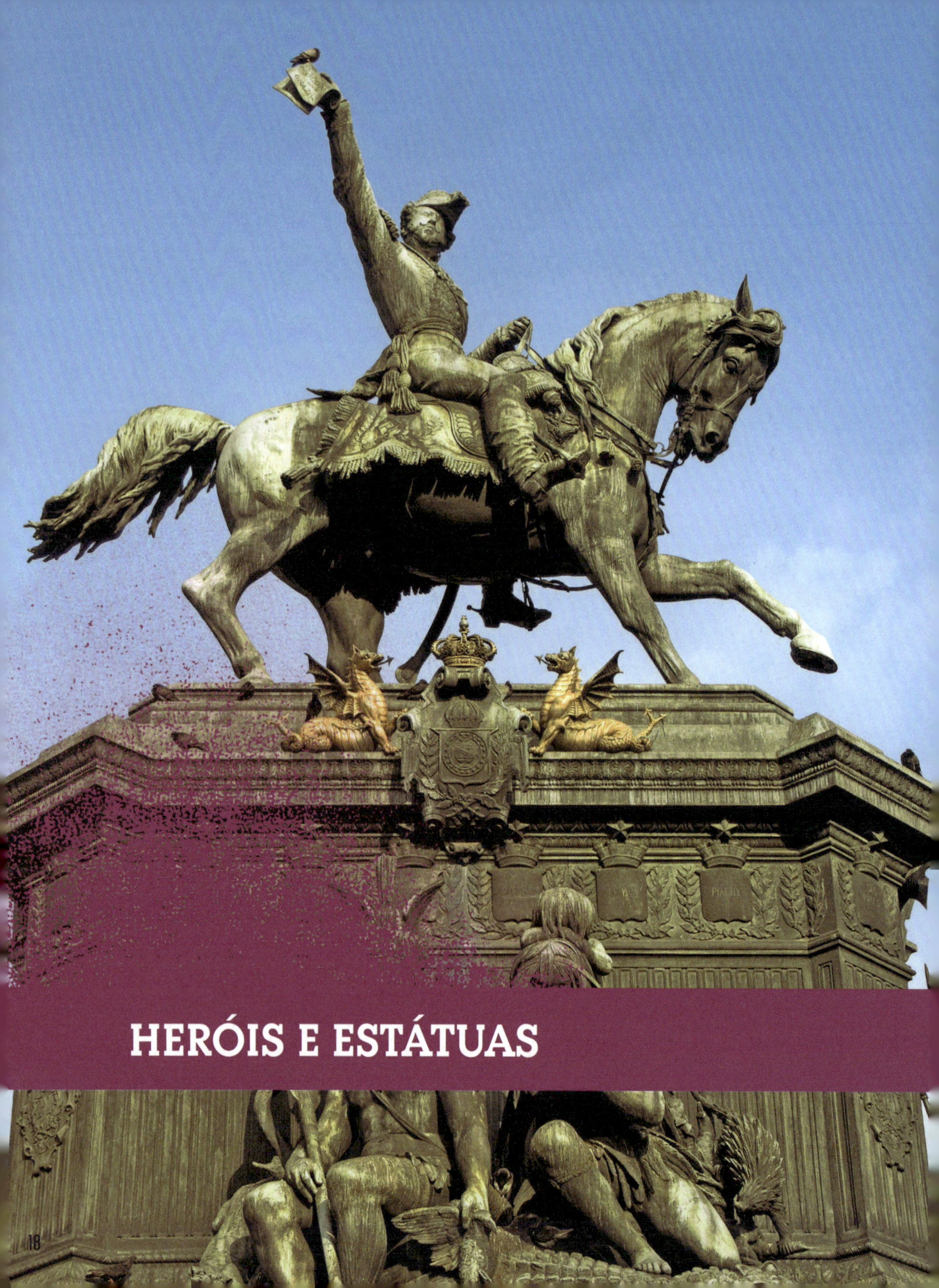

HERÓIS E ESTÁTUAS

A MÍDIA ESCOLHE DIARIAMENTE os fatos a serem divulgados e elege um ponto de vista sobre eles. A opinião pública se forma sob a influência dessas escolhas. Os fatos não são apresentados como versões, mas organizados de modo a parecer uma verdade única, objetiva, incontestável.

Em uma sociedade aberta e democrática, temos a liberdade de produzir e obter informações sobre os fatos e formar nossas próprias opiniões. E expressá-las. Por isso é importante haver diferentes empresas de comunicação e é saudável buscar informações em diferentes fontes e refletir sobre elas.

Assim como a mídia, a História também é um lugar de luta política. Diferentes pessoas e grupos, com interpretações e desejos diversos do que deve ser o futuro, disputam quem vai conseguir emplacar a versão oficial. Quem leva a melhor neste embate consegue forçar a criação de uma determinada memória coletiva.

Na nossa vida urbana, os nomes das ruas, das praças, dos edifícios, os monumentos, as estátuas e as esculturas também são fundamentais para consolidar a memória coletiva. Em seu livro *Les lieux de mémoire* ("Os lugares da memória", inédito em português), o historiador francês Pierre Nora escreve que "a memória se enraíza no concreto, no espaço, no gesto, na imagem, no objeto". Lugares, datas de feriados e celebrações são construídos e escolhidos para dar forma concreta à memória que se quer preservar, em função de um futuro que se quer garantir.

Estátua de Dom Pedro I na Praça Tiradentes (antiga Praça da Constituição), Rio de Janeiro (RJ).

DEVEMOS LEMBRAR QUE muitas obras de arte e monumentos são encomendas. Muitos escritores, pintores, escultores e cineastas talentosos foram e são pagos para retratar o que convém a quem tem dinheiro para contratar seus serviços.

A elite não nasce por geração espontânea. É conveniente a quem está no poder construir um passado cheio de glórias. Isso funciona como um imenso tapete vermelho para um futuro tranquilo, de adoração e submissão, em vez de questionamentos e levantes.

Muitas obras de arte foram construídas para cobrir com verniz dourado violências e massacres cometidos no passado e que foram fundamentais para garantir o poder aos que se beneficiaram ou ainda se beneficiam dele.

É por isso que o pensador alemão Walter Benjamin escreveu que "nunca houve um monumento da cultura que não fosse também um monumento da barbárie (BENJAMIN, p. 225)".

Independência ou morte (conhecido também como *O grito do Ipiranga*), óleo sobre tela pintado por Pedro Américo em 1888.

CULTURA E BARBÁRIE

MEMÓRIA E HISTÓRIA

QUANDO OLHAMOS PARA O PASSADO, vemos datas e personagens que estão lá para construir a nossa memória coletiva, certo? Os heróis são personagens apresentados para termos orgulho deles. Aprendemos, por exemplo, que o então príncipe de Portugal, D. Pedro, no dia 7 de setembro de 1822, gritou "Independência ou morte!" nas margens do riacho do Ipiranga (na entrada de São Paulo) e libertou o Brasil de Portugal. Bastou um grito, e ele próprio se tornou nosso imperador, mesmo sendo português. Confuso e estranho, não é?

Para lembrarmos e aceitarmos isso sem muitas perguntas, e para que esse fato e esses personagens façam parte da nossa memória coletiva, muito esforço se fez. Feriados, estátuas (veja foto na p. 18), textos, quadros, esculturas, museus e praças foram produzidos para transmitir esta versão da História às próximas gerações. Por quê? Porque isso interessava aos que estavam (e muitos ainda estão) construindo a ideia de Brasil como uma nação unificada. Esse era um projeto político (dentre os muitos que então havia) que acabou vitorioso.

Outros projetos que desejavam transformar algumas regiões do território brasileiro em nações independentes escolheram outros heróis para reverenciar. Mas, depois de muitos conflitos e batalhas, o projeto de Brasil unificado saiu vencedor. Por isso, foi apagado da nossa memória, por exemplo, o dia em que Paes de Andrade proclamou a Confederação do Equador, que tornava Pernambuco um estado independente. Nenhuma estátua para Paes de Andrade pode ser encontrada nas praças. Mas há dezenas de imagens, estátuas e até um feriado nacional para o dia em que D. Pedro I gritou "Independência ou morte", mesmo que muitos historiadores afirmem que há evidências de que ele não levantou nenhuma espada nem gritou nada parecido no riacho do Ipiranga.

O quadro *Independência ou morte* foi pintado por Pedro Américo em 1888, mais de seis décadas depois do 7 de setembro de 1822. Naquele dia, o pintor não havia nem sequer nascido. A pintura foi uma encomenda do filho e da neta de D. Pedro I, que precisavam de símbolos para enfrentar os republicanos, que naquela altura desejavam acabar com a monarquia no Brasil. O pintor Pedro Américo idealizou o que aconteceu no dia 7 de setembro. E, mesmo apresentando em seu quadro detalhes enobrecedores que não existiram, sua interpretação ganhou *status* de fotografia do momento.

Pelas informações históricas disponíveis hoje, sabe-se que naquele dia não havia tantos soldados, eles não usavam roupas de gala, a tropa viajava com muitas mulas e poucos cavalos, e D. Pedro sofria com uma terrível diarreia. Provavelmente, ao receber a carta que exigia sua volta a Portugal, ele deve ter confabulado com seus assistentes sobre o que fazer. Só depois de ter certeza de que teria apoio militar, divulgou que o Brasil não aceitaria ordens de Portugal, e que ele, mesmo sendo português e herdeiro da Coroa lusitana, seria o primeiro imperador do Brasil independente.

Havia naqueles dias muito descontentamento com as elites portuguesas por parte dos comerciantes e dos fazendeiros brasileiros. Mas havia também um medo grande de esfacelamento da nação. O Brasil poderia se desmanchar em muitas pequenas nações.

Aproveitando-se desse temor, D. Pedro aplicou o famoso "se colar, colou", como a gente diz, e declarou que ele representaria os brasileiros. Coroou a si próprio: D. Pedro I. Depois, monumentos, hinos e relatos oficiais deram *glamour* à história toda.

Detalhe do quadro *Independência ou morte* (p. 21).

AFINAL, PARA QUE SERVE UMA ESTÁTUA?

OS HOMENS PRÉ-HISTÓRICOS DESENHAVAM suas caçadas nas paredes das cavernas. Por algum motivo, aqueles caçadores que mal dominavam o fogo já sentiam necessidade de registrar seus triunfos para a posteridade. Da mesma maneira, os gregos esculpiam imagens de guerreiros e adornavam com batalhas épicas seus vasos de cerâmica. Artistas de diversas eras pintaram com as mais variadas tintas cenas das grandes vitórias de seus reinos e impérios. Os norte-americanos fizeram dezenas de filmes sobre a vitória deles na Segunda Guerra Mundial.

Por que os homens acham necessário pintar, esculpir e filmar essas coisas? Vencer não é suficiente?

Parece que não. O ser humano precisa que sua vitória seja testemunhada, senão ela é incompleta. A glória só existe diante do reconhecimento. As tradições são mantidas através dos séculos por histórias contadas de uma geração a outra, em narrativas orais, escritas, pintadas, esculpidas e filmadas. As versões de uma batalha ou conquista são apresentadas como uma verdade inegável, falam direto ao coração, causam comoção e orgulho. E, para ninguém duvidar das narrativas, lá está ela, impávida e colossal: a estátua. Sobrevivendo às tempestades e às gerações, como prova concreta de uma glória histórica.

Mesmo que a batalha tenha sido um massacre. Mesmo que os soldados adversários que se entregaram com bandeira branca tenham sido degolados, mesmo que as mulheres dos vencidos tenham sido violentadas, e suas crianças assassinadas porque em suas veias corria o "odioso sangue inimigo". Mesmo quando o resultado de uma conquista é uma multidão de escravos que serão negociados numa feira, o líder conquistador e seus generais podem ser merecedores de uma estátua de mármore ou bronze. E as gerações futuras lembrarão que foi escolhido para elas lembrarem. Apenas um lado da glória.

Se quisermos encontrar outras versões dos episódios oficiais e construir uma opinião crítica da História da humanidade, temos que começar desconfiando das estátuas.

Pintura rupestre na Toca do Caldeirão do Rodrigues, sítio arqueológico do Parque Nacional da Serra da Capivara, em São Raimundo Nonato (PI).

OS HERÓIS QUE VIRARAM ESTÁTUA

As estátuas dos vencedores permitem entender o que o pensamento dominante

de uma época escolheu para guardar na lembrança das futuras gerações.

EM FRENTE AO MUSEU DE ARTE DE SÃO PAULO (MASP), na avenida Paulista, onde se localiza o centro financeiro da maior cidade do Brasil, existe uma estátua feita em bronze e mármore de um homem de botas e mãos cerradas, representando um sujeito simples e determinado. Na placa lemos: *Bandeirantes. Bartolomeu Bueno da Silva, o Anhanguera, botou fogo no álcool e os índios capitularam. O ouro apareceu. Pai e filho eram brasileiros.*

Durante muito tempo, contou-se nos livros e nas escolas a seguinte história: por volta de 1700, um valente aventureiro paulista se embrenhou pelas matas atrás de ouro. Botou fogo em uma quantidade de álcool, e os índios, pensando que a água estivesse pegando fogo, se renderam a ele. Em homenagem, o chamaram de Anhanguera. Segundo essa versão, Anhanguera e outros bandeirantes que saíram de São Paulo seriam os heróis que abriram os caminhos do interior do país e descobriram o ouro, que trouxe muitas riquezas para o povo brasileiro.

Não é à toa que o palácio do governo do estado de São Paulo, uma rodovia e uma das principais avenidas da cidade se chamam Bandeirantes. Uma das mais importantes rodovias que liga a capital do estado ao interior se chama Anhanguera. E não é só isso: há instituições de ensino com esses nomes, estações de TV, rádio, empresas de transporte, lojas de ferramentas, de pisos, redes de hotéis, fábricas, lojas e antiquários.

Na mitologia tupi-guarani, Anhanguera é uma entidade da floresta. Terrível. Senhor da lagoa dos mortos, onde vivem cobras e sapos. Os tupi-guaranis contam que Anhanguera devora defuntos e atrai os jovens para o suicídio. É uma entidade das sombras, malévola e temida. Os índios têm horror a esse espírito, também chamado de Anhangá.

Pesquisas de historiadores recentes, como Boris Fausto, John Monteiro e Luiz Felipe de Alencastro, afirmam que o grande negócio dos bandeirantes não era o ouro, mas atacar, aprisionar e vender índios para os fazendeiros utilizarem como escravos. É bem provável que os indígenas não quisessem exatamente homenagear Bartolomeu quando o chamaram de Anhanguera, palavra que, em tupi-guarani, significa "demônio da morte".

p. 27: Trecho da Rodovia Anhanguera (SP 330), em Campinas (SP).
p. 29: Estátua de Anhanguera na Avenida Paulista, São Paulo (SP).

ANHANGUERA

ANCHIETA

PADRE JOSÉ ANCHIETA S.J. APÓSTOLO

PRAÇA DA SÉ, centro da cidade de São Paulo, uma estátua de quase 5 metros de altura repousa sobre um imponente pedestal. Quem passa por ali pode ler a inscrição: *Padre José de Anchieta / S. J. / Apóstolo do Brasil*.

S. J. significa que o padre era da Companhia de Jesus (em latim, *Societas Iesu*), ordem religiosa criada na primeira metade do século XVI para enfrentar os protestantes na Europa e conquistar almas no ultramar, isto é, converter indígenas das colônias ao cristianismo.

Em 1553, aos 20 anos, Anchieta veio ao Brasil. Organizou várias missões, nome dado às aldeias criadas para concentrar os indígenas. Lá, eles ficavam livres dos ataques e da escravidão imposta pelos bandeirantes, mas eram forçados a esquecer suas tradições e a trocar suas crenças pelas católicas.

As missões acabaram se tornando uma grande tragédia da humanidade. Agrupados, os índios pegavam as doenças dos brancos e morriam aos milhares. Nações inteiras foram dizimadas em poucas décadas. Alguns historiadores afirmam que as mortes eram ainda mais numerosas fora dos aldeamentos. Nesse caso, independentemente da versão que seja eleita, as missões jesuíticas não deixam de representar uma grande força aniquiladora dos povos indígenas.

Além de chefiar esses aldeamentos em São Paulo, que ele ajudou a fundar, Anchieta esteve envolvido nas lutas contra os franceses e os seus aliados – os tupinambás – no litoral do Rio de Janeiro. Desse episódio, tirou lições para escrever um poema épico: *De gestis Mendi de Saa* ("Feitos de Mem de Sá"). Publicados em 1563, os versos defendiam, sem hesitar, a guerra de extermínio movida contra os índios. Ele se referia aos tupinambás como "gentes cruéis em hordas imensas", "envoltas, há séculos, no horror da escuridão idolátrica". Os portugueses, com o apoio de Anchieta, foram responsáveis pelo extermínio dos tupinambás na região.

A estátua de Anchieta ainda está no centro da maior cidade do Brasil, mas sua figura hoje é questionada até pela própria Igreja.

Estátua do padre José de Anchieta na praça da Sé, São Paulo (SP).

NO DIA 21 DE ABRIL DE 1792, um certo Joaquim José da Silva Xavier, conhecido como Tiradentes, foi enforcado numa praça do Rio de Janeiro. Ele e outros parceiros foram presos porque tramavam em Minas Gerais contra o domínio português.

Tiradentes foi o único a ser morto. Não tinha costas quentes. Seu corpo foi cortado em pedaços e espalhado por várias cidades para exposição pública. Os representantes da Coroa portuguesa queriam dar um exemplo a quem ousasse desobedecer a lei.

Tiradentes ficou esquecido durante quase todo o período do Império (afinal D. Pedro I e D. Pedro II eram neto e bisneto de D. Maria, a rainha que o condenou à morte). Mas, na década de 1860, ele foi reabilitado e escolhido como o herói do movimento republicano do Brasil.

O movimento queria derrubar o imperador e instalar uma república no país. Tiradentes servia como um mártir perfeito para a causa. Um herói capaz de jogar a opinião pública contra os defensores do Império.

Em 1862, a disputa pela memória do novo herói pegou fogo. D. Pedro II mandou construir a estátua do pai, D. Pedro I (veja foto na p. 18), na Praça da Constituição, o lugar onde Tiradentes havia sido enforcado. Teófilo Otôni, que defendia a causa republicana, apelidou a estátua de "mentira de bronze".

Trinta e sete anos depois de D. Pedro II ter sido derrubado e de a república ter substituído a monarquia, ergueu-se um monumento no Rio de Janeiro em homenagem a Tiradentes, na área da Cadeia Velha, onde ele havia ficado preso. Como não havia retratos de Tiradentes, ele foi representado na estátua e em muitas pinturas com uma fisionomia semelhante à de Jesus Cristo. Afinal, seu papel era ser um mártir da República.

Para acomodar as coisas, a praça com a estátua de D. Pedro I (que está lá até hoje) foi então batizada de praça Tiradentes. Ou seja, a praça leva o nome do enforcado, e a estátua no centro dela homageia a família de quem mandou enforcar.

Tiradentes tem sido lembrado a cada 21 de abril pelos brasileiros. Desde 1965, a data de sua morte é feriado nacional.

Estátua de Tiradentes em frente ao Palácio Tiradentes, Rio de Janeiro (RJ).

TIRADENTES

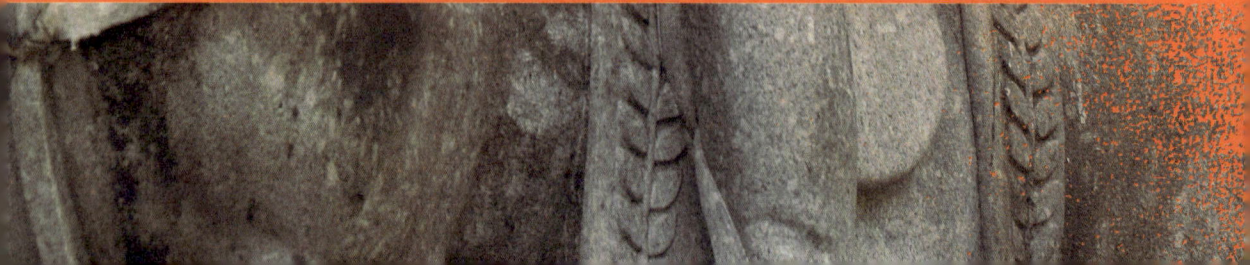

DUQUE DE CAXIAS

O MARECHAL DO EXÉRCITO Luís Alves de Lima e Silva, mais conhecido como Duque de Caxias, é o campeão nacional dos monumentos. Ele é a personalidade histórica que mais tem estátuas, bustos, nomes de praças e avenidas no país. Para se ter uma ideia, no Rio de Janeiro, o arquivo do Exército, onde se encontram os principais documentos da história militar do país, fica no Palácio Duque de Caxias, localizado na praça Duque de Caxias, onde foi construído o Pantheon Caxias, com uma enorme estátua do Duque de Caxias.

No centro de São Paulo, na praça Princesa Isabel, ao lado da avenida Duque de Caxias, foi inaugurado em 1960 um monumento com a altura de um edifício de dez andares. No alto, está uma das maiores estátuas equestres do mundo, do Duque de Caxias erguendo uma espada (veja foto na p. 10). Durante a ditadura militar dos anos 1960 e 1970, outras dezenas de bustos, estátuas e avenidas do marechal se espalharam país afora.

Por que tanta estátua e nome de rua para esse militar nascido na Baixada Fluminense em agosto de 1803, mais precisamente na Vila Porto Estrela, atual cidade de Duque de Caxias?

Segundo o site oficial do Exército brasileiro, Caxias "lutou pela consolidação da independência, pacificou províncias conflagradas e conduziu as armas nacionais à vitória nos conflitos da Bacia do Prata. Restabeleceu o império da ordem, preservou as instituições, recompôs a coesão nacional e salvou a unidade da Pátria. Daí ter passado à História com o cognome de O Pacificador" (www.exercito.gov/web/guest/caxias, acesso em nov. 2012).

Ninguém pode negar que Caxias comandou o Exército em diversos levantes e batalhas que ameaçavam a integridade da nação durante o período imperial, no século XIX. Não fossem o seu comando e a sua força, alguns pedaços do atual território brasileiro talvez não fizessem parte do país. Por isso ele é tão reverenciado e foi escolhido como patrono do Exército.

Mas talvez caiba também fazer algumas perguntas: Contra quem ele lutou? Quais as causas pelas quais lutavam os seus inimigos, entre os quais os índios guaranis do Paraguai e os lavradores e escravos negros fugidos, moradores de quilombos, no Maranhão e no Piauí?

Detalhe do monumento a Duque de Caxias na praça Princesa Isabel, em São Paulo (SP).

As guerras comandadas por Caxias foram chamadas na História oficial de *pacificação*. Mas guerras são sempre violentas. Na pacificação do Maranhão, por exemplo, negros moradores de quilombos, pequenos comerciantes e lavradores pegaram em armas contra o que consideravam abusos do governo e privilégios dados aos fazendeiros e burocratas. Apesar do nome *pacificação*, houve muito derramamento de sangue e enforcamentos de rebeldes.

As versões da História oral falam em massacres por parte das tropas lideradas por Caxias. A coesão do Império foi resguardada, mas o que queriam os derrotados? Por que lutavam e foram mortos?

Ainda segundo o site oficial do Exército, "tão importantes quanto a eficácia das (...) ações militares [de Caxias] foram a firmeza com que enfrentou os desafios e a generosidade dispensada aos adversários vencidos nos campos de batalha".

Mas há outras versões bem distantes dessa descrição oficial. Outros historiadores dizem que o Exército brasileiro comandado pelo Duque de Caxias assassinava seus prisioneiros, violentava mulheres e massacrava crianças paraguaias. Ao final da guerra, quem assumiu o comando foi o Conde d'Eu, marido da princesa Isabel e genro de D. Pedro II. Sua liderança teria sido ainda mais brutal. Há estimativas de que aproximadamente 70% da população paraguaia foi morta durante a guerra. Pode-se questionar a exatidão do índice, mas é difícil negar a violência praticada contra os paraguaios, que acabaram vencidos.

Entre tantas versões, é preciso buscar documentos. Um dos mais fortes balizadores dessa discussão são as cartas de um capitão brasileiro chamado Benjamin Constant, que combateu na Guerra do Paraguai. O aspecto principal em seus relatos, além do fato de ele ser um oficial do exército vencedor, é que são cartas escritas diretamente do *front* de batalha, com depoimentos íntimos, escritos a seus familiares no calor dos acontecimentos. Bem diferente de muitas memórias escritas após a guerra, no conforto do lar, sabendo a qual vencedor se devia agradar. O capitão Benjamin se dizia horrorizado e criticava o comportamento do exército liderado por Caxias.

Numa carta escrita em 7 de junho de 1867, diretamente do *front* de Tuiuti, o capitão Benjamin escreveu: "A cena horrorosa que se pode observar

– as cabeças de uns eram arrancadas com o tronco a um golpe de espada, as de outros rachadas (...) atiravam longe os miolos (...) a maior parte sentia prazer em matar e em esquartejar os homens depois de mortos" (Lemos, p. 50).

Benjamin Constant se tornou um militar importante na luta contra a monarquia e a favor da República. Ele defendia um conceito de *soldado-cidadão*, que teria o direito de recusar ordens superiores em função de determinados princípios, em oposição ao *soldado-caxias*, que deve obedecer sem questionar a qualquer ordem superior, seja ela qual for. Pela liderança de Constant na luta pela República, foi feita uma estátua para ele em frente ao Ministério da Guerra.

Em agosto de 1949, a estátua de Benjamin Constant que havia em frente ao Ministério da Guerra foi removida dali, e em seu lugar foram colocados o Pantheon e a estátua do marechal Duque de Caxias.

Monumento a Benjamin Constant Botelho de Magalhães e sua esposa, na praça da República, Rio de Janeiro (RJ).

ZUMBI

NA MADRUGADA do dia 5 de junho de 2010, a estátua de Zumbi no canteiro central da avenida Presidente Vargas, no Rio de Janeiro, foi pichada. Junto a uma suástica, símbolo do nazismo, as frases: "invasores malditos macacos" e "fora safados africanos". No final daquele ano, a estátua foi retirada para restauração e, assim que recolocada, foi novamente pichada.

Durante quatro séculos, milhares de negros morreram lutando contra a escravidão no Brasil. O 13 de maio até hoje é a data oficial das comemorações da abolição da escravatura. Nesse dia, em 1888, a princesa Isabel assinou o documento que punha fim à escravidão. A sua família sempre foi a favor do comércio de mão de obra escrava de africanos. Ganhavam de todos os lados, com os impostos sobre o comércio de negros, com as exportações e a produção de cana-de-açúcar, algodão e café plantados e colhidos por negros escravos. Ela assinou a abolição quando o caldo já tinha entornado (entre outros motivos, porque a Inglaterra tinha aprovado uma lei proibindo o tráfico de escravos, dando poder aos ingleses de aprisionar navios negreiros de outros países).

No final da década de 1960, muitos afrodescendentes e historiadores passaram a questionar a figura da princesa branca como heroína da luta dos negros. Propuseram que a data fosse trocada para o dia da morte de Zumbi, líder guerreiro do quilombo de Palmares (numa região que hoje pertence aos estados de Alagoas e Pernambuco), onde milhares de negros e índios enfrentaram e venceram tropas imperiais durante décadas. Zumbi foi assassinado em 20 de novembro de 1695 por uma tropa de bandeirantes paulistas. Sua cabeça foi cortada para ser exibida no Recife, a fim de atemorizar os escravos e contestar a fama de imortal que o quilombola tinha.

Quase 300 anos depois, em 1971, foi feita a primeira comemoração da data da morte de Zumbi. A cerimônia aconteceu no Clube Náutico Marcílio Dias, em Porto Alegre (RS), por iniciativa do professor, poeta e pesquisador gaúcho Oliveira Ferreira da Silveira. Desde então, a ideia cresceu. O dia 20 de novembro passou a ser o Dia da Consciência Negra, dia de luta pelos direitos dos descendentes dos escravos. Estátuas de Zumbi passaram a ser inauguradas país afora. A maior delas, no Rio de Janeiro, foi alvo de protestos racistas.

Monumento a Zumbi dos Palmares, na praça Onze, Rio de Janeiro (RJ).

GETÚLIO VARGAS praticamente exigiu que se erigisse uma estátua sua antes de morrer. Ele era presidente da República quando se suicidou deixando um bilhete que terminava dizendo: "Deixo a vida para entrar na História".

Vargas surgiu no olho do furacão. Foi um dos líderes de uma revolução, ocorrida em 1930, motivada pela insatisfação das classes médias das cidades com o andamento da política nacional de então.

Nessa época, fazendeiros paulistas e mineiros se revezavam no poder. Elegiam presidentes com manobras eleitorais e faziam de tudo para se beneficiar da máquina do Estado. Era a vez de um mineiro ser candidato a presidente, mas um paulista foi indicado em seu lugar.

Os oligarcas mineiros, então, formaram alianças com outros Estados, além de ganhar o apoio dos tenentes (oficiais de baixa patente e não os generais de sempre) e de parte do eleitorado urbano. Tal movimento culminou na chamada Revolução de 30, que levou o gaúcho Getúlio Vargas a tomar posse da presidência – ainda que as antigas oligarquias continuassem presentes na base desse novo governo.

Assim, Getúlio se tornou o primeiro grande "populista" do país. Governava para agradar os mais humildes, ainda que muitas vezes os iludisse, manipulando rádios e jornais. Ele criou importantes benefícios para os trabalhadores, como o salário mínimo e as leis trabalhistas. O problema é que gostou tanto de governar que não quis mais largar o posto. Implantou uma pesada ditadura e chegou a dar sinais de apoio a Hitler e Mussolini. Ordenou a prisão da esposa judia de um opositor ao seu regime e a mandou para os campos de concentração nazistas na Alemanha, por exemplo.

Em 1950, Getúlio foi eleito democraticamente, embora com menos de 50% dos votos. Quatro anos depois, acusado de estar metido em inúmeras maracutaias e até possivelmente na tentativa de assassinato de um jornalista opositor, ele se suicidou. Em vez de entrar para a História por seus atos ilícitos, transformou-se em mártir. Milhares de pessoas choravam nas ruas pela morte do "pai dos pobres". Ganhou muitas estátuas.

Ainda hoje são poucos os eleitores que buscam verificar os fatos sob diversos pontos de vista para formar sua própria interpretação das notícias.

Busto de Getúlio Vargas no bairro da Glória, Rio de Janeiro (RJ).

GETÚLIO VARGAS

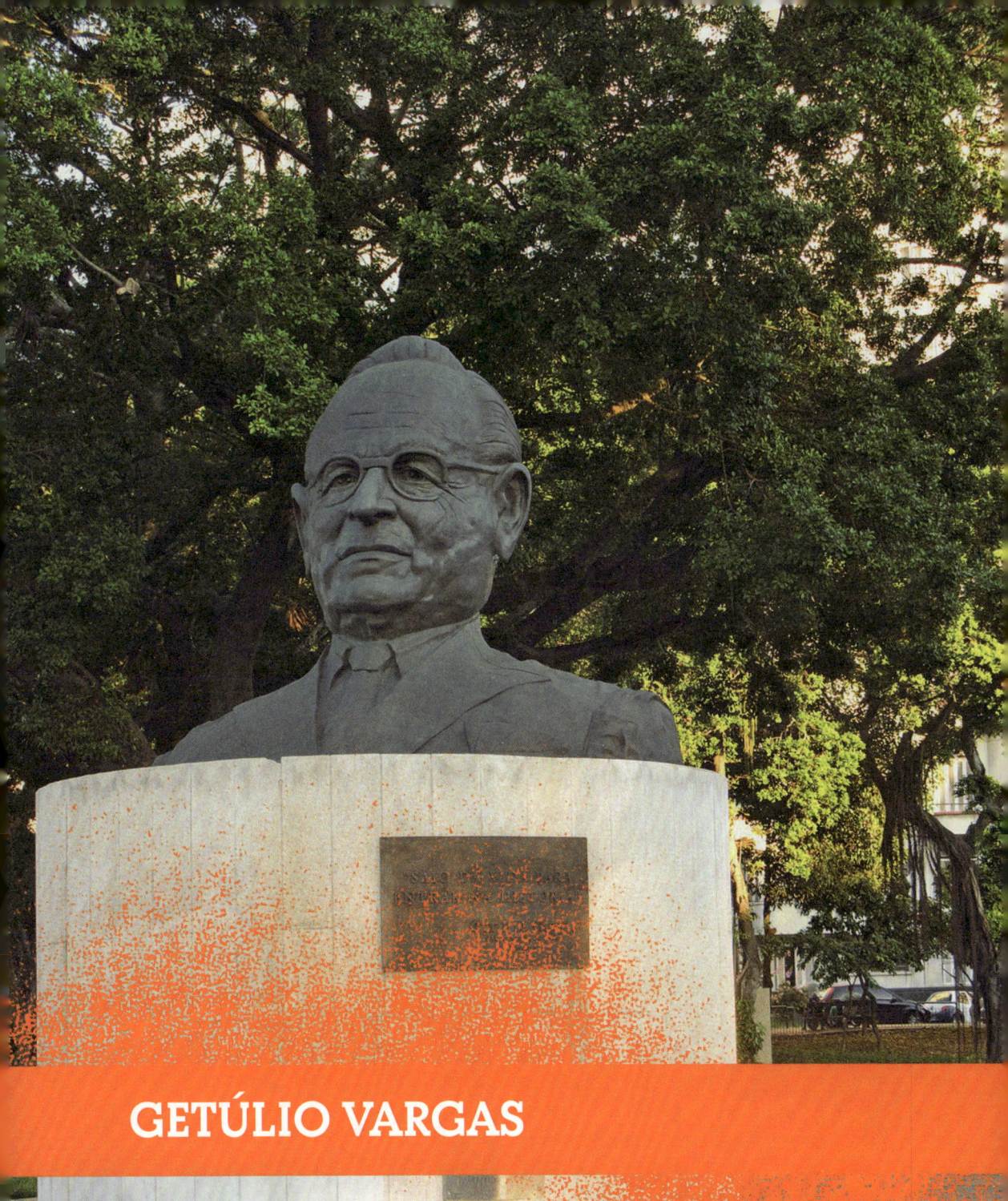

MICHAEL JACKSON

NO DIA 26 DE JUNHO DE 2010, foi inaugurada uma estátua do cantor Michael Jackson no alto do morro Dona Marta, onde fica uma das mais famosas favelas do Rio de Janeiro. Parece estranho. Que relação uma megaestrela do mundo *pop* que renegou sua condição de negro pode ter com uma comunidade majoritariamente negra de uma favela carioca?

As terras de Botafogo, onde fica o morro Dona Marta, eram grandes propriedades dos barões ligados ao imperador D. Pedro II. Com o crescimento da cidade, as terras foram loteadas, e muitas famílias pobres que haviam se instalado nos morros da região foram retiradas à força por conta da especulação imobiliária. Menos os moradores dos barracos do morro Dona Marta. Como as terras eram da Igreja, a Prefeitura não podia revendê-las.

Os barracos se multiplicaram e viraram uma grande favela. A partir dos anos 1970, jovens moradores da área começaram a comercializar maconha e depois cocaína para os consumidores cariocas. Compraram armas e, nos anos 1990, dominavam a região.

Em 1996, o diretor americano de cinema Spike Lee decidiu gravar um clipe de Michael Jackson no alto do morro. Detalhe: ele não pediu autorização à polícia e contratou os "soldados" do tráfico para fazerem a segurança do ídolo *pop*. Deu o maior rebuliço. O chefe do tráfico no morro, Marcinho VP, então líder do Comando Vermelho, uma das principais facções de traficantes do Rio de Janeiro, cantou de galo para o mundo todo ouvir. A polícia e as autoridades do Rio se sentiram humilhadas.

As autoridades do governo e as forças policiais colocaram como questão de honra prender Marcinho VP. Ele foi preso no Paraguai e morto meses depois na cadeia, em condições jamais esclarecidas. Em 2009, o governo do Rio de Janeiro criou as Unidades de Polícia Pacificadora (UPPs), fortemente armadas e treinadas, com apoio do Batalhão de Operações Especiais (BOPE), uma força policial de elite, que tinha como missão expulsar os traficantes e ocupar as favelas do Rio. A primeira delas foi justamente a Santa Marta.

A construção da estátua por parte do governo foi um marco simbólico. A estátua de bronze da megacelebridade de consumo está lá no alto do morro para mostrar que, a partir de então, quem manda ali é o Estado e suas Unidades de Polícia Pacificadora.

Estátua de bronze do cantor Michael Jackson, no morro Dona Marta, Rio de Janeiro (RJ).

HERÓIS SEM ESTÁTUA

Sempre sobra alguém para contar a história e tirar das sombras heróis sem estátuas...

EM 1961, o tenente-coronel nazista Adolf Eichmann foi julgado por um tribunal em Jerusalém, após ter sido capturado na Argentina por agentes do serviço secreto israelense. Diversas testemunhas confirmavam sua participação no transporte de milhares de pessoas para os campos de extermínio. O mundo, mais uma vez, tomava consciência daquele momento terrível da sua História.

A filósofa alemã Hannah Arendt escreveu um extraordinário livro sobre esse julgamento, chamado *Eichmann em Jerusalém*. Ela discute os limites da violência e da condição humana. Com certo desespero, ela acompanha os argumentos desse nazista, que dizia apenas cumprir ordens – o que, supunha, todos deveriam fazer sob o totalitarismo.

Contudo, em certa altura do seu livro, ela narra um acontecimento inesperado, que demonstra como cabe a nós a decisão e a escolha de um caminho que consideramos correto, mesmo quando a maioria à nossa volta diz o contrário.

Em um determinado dia do julgamento, depois de meses de trabalho, um senhor resolveu relatar a ajuda que ele e outros judeus que faziam parte da resistência na Alemanha receberam de um sargento austríaco chamado Anton Schmid. Ele fazia parte das tropas alemãs, mas por uma decisão de sua consciência resolveu ajudar aqueles que estavam sendo exterminados. Os alemães descobriram sua colaboração, e o sargento Anton foi considerado um traidor do nazismo e condenado à morte. Quando essa história foi contada, fez-se um silêncio no tribunal. Um respeitoso silêncio em honra a esse herói desaparecido e que permaneceria esquecido se não fosse a lembrança de um único homem.

Hannah Arendt mostra como o totalitarismo procurou colocar no completo esquecimento seus oponentes, assim como a barbárie que cometeu. Mas, como nota a filósofa, "existem no mundo pessoas demais para que seja possível o esquecimento. Sempre sobra um homem para contar a história" (ARENDT, p. 254).

QUASE TODOS NÓS, BRASILEIROS, temos sangue indígena. A imensa maioria de nós, se for pesquisar quem são seus antepassados, vai encontrar um índio no caminho. Porém, quase nada sabemos sobre a história dos povos indígenas que lutam há mais de 500 anos para resistir à violenta invasão de europeus vindos do outro lado do oceano.

Há inúmeros documentos e depoimentos espalhados por bibliotecas e arquivos públicos e privados relatando fatos heroicos impressionantes realizados por grandes líderes ou heróis indígenas individuais. Mas isso quase nunca é destacado, não aparece na História oficial.

Num ataque dos bandeirantes para conseguir índios escravos na região do Tape (RS), em 1637, o padre Diego de Borôa descreve numa carta os atos de bravura de uma índia guarani que, em suas palavras, "lutou no mais aceso da batalha, acudindo ora a um lugar, ora a outro, e praticando façanhas que honrariam o mais valente campeão".

Qual era o nome dessa mulher que lutou com tanta valentia para defender seu povo do ataque dos bandeirantes? Que fim levou essa desconhecida heroína brasileira? Foi morta pelos paulistas? Virou sua escrava? Sabemos apenas que os guaranis foram massacrados...

Como ela, ficaram sem estátua muitos índios que lutaram e lutam pela sobrevivência de seu povo: Aimberê, Jaganhoaro, Canindé, Zerobabe, Ajuricaba, Raoni, Davi Yanomami, Marcos Terena... entre centenas de outros.

Há poucas exceções. Em Niterói (RJ), por exemplo, há uma estátua de Arariboia, líder tupiniquim, aliado dos portugueses no massacre aos tupinambás. A história dos povos indígenas ainda precisa ser devolvida à nossa memória por uma nova geração de historiadores.

Soldados índios da província de Curitiba escoltando selvagens, litografia de Jean-Baptiste Debret, 1834.

HEROÍNA SEM NOME

HERÓI SEM REGISTRO

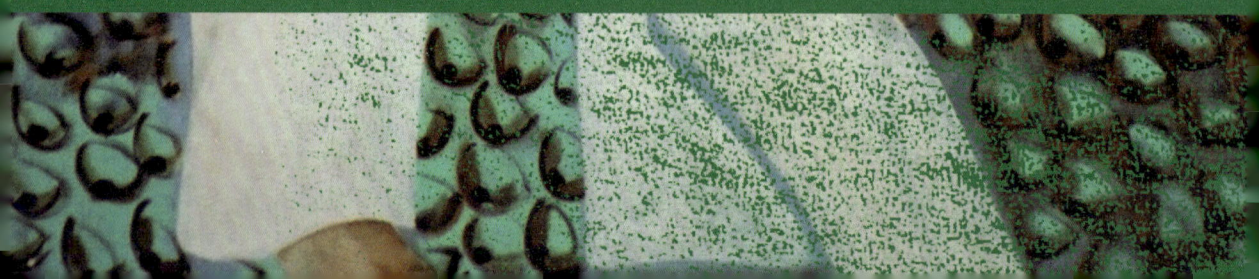

SE FOR PROCURAR NAS BIBLIOTECAS E ARQUIVOS, você não encontrará biografias oficiais sobre Manuel Francisco dos Anjos Ferreira, o Manuel Balaio. Mas você tem que saber a data em que ocorreu a Balaiada, porque pode cair numa prova. O que é mais importante, decorar uma data ou conhecer as incríveis histórias que aconteceram em nossa terra?

Manuel Balaio foi um dos três líderes de uma das maiores rebeliões populares do país. Cerca de 8 mil homens armados tomaram Caxias, a segunda maior cidade da região, e estabeleceram amplo domínio sobre diversas cidades das províncias do Maranhão e Piauí no verão de 1839.

Não se sabe o quanto Balaio liderou realmente o levante. Mas se o povo e as autoridades da época chamaram o conflito de Balaiada, não deve ter sido pequena sua liderança. O fato é que a sua história está restrita quase praticamente a narrativas orais que passaram de pai para filho e foram anotadas por alguns poucos historiadores.

Para os relatos de militares a serviço do Império durante a "pacificação", quando os revoltosos foram massacrados pelas tropas lideradas pelo Duque de Caxias, o mulato Balaio não passava de um desordeiro violento e vingativo. Mas talvez, para a história da maioria dos brasileiros descendentes de escravos e camponeses nordestinos, Balaio tenha representado um papel importante de resistência contra a opressão.

Camponês, artesão, fabricante de balaios de palha que ele próprio vendia nas feiras da cidade de Caxias para dar sustento à família, o mulato teria se juntado ao capataz Raimundo Gomes e ao líder negro dos quilombos D. Cosme depois que forças policiais teriam violentado suas filhas. Juntos, eles lideraram uma grande rebelião contra as elites portuguesas e suas formas de controle e repressão. Estátua, Balaio não tem.

Chamada, óleo sobre tela de Michelle Doyle (Cigana), 2001.

NO DIA 25 DE AGOSTO DE 1882, o caixão de um mulato era levado por uma multidão de quase 3 mil pessoas numa pequena cidade de 40 mil habitantes chamada São Paulo. Muitos dos rostos da multidão eram de escravos. Lojas fechavam as portas para homenagear o morto enquanto o caixão ia sendo levado pelas mãos de homens ilustres, brancos importantes, até que, em certa altura, segundo o jornal *A Província de São Paulo*, um grupo de negros que "tomavam parte no acompanhamento não consentiu que ninguém mais conduzisse o corpo, e eles, revezando-se entre si, conduziram-no o resto do caminho".

Quem era esse herói dos homens negros e escravos de São Paulo?

Luiz Gama nasceu na Bahia, em 1830, filho de uma escrava e de um fidalgo português, foi vendido aos 10 anos e acabou chegando ao interior de São Paulo. Aprendeu a escrever e fugiu para a capital do Estado, onde conseguiu aprofundar seus estudos. Chegou até a assistir a aulas na Faculdade de Direito, mas sem se formar. Foi um importante jornalista, colaborando com revistas e periódicos, e escreveu um livro de poesia satírica.

As suas críticas ao escravismo e à condição dos negros ajudaram o movimento abolicionista. Exercendo a advocacia, Luiz Gama ajudou muitos escravos a conseguir a liberdade nos tribunais. Consta que mais de mil pessoas devem a ele sua liberdade.

Não há nenhuma estátua de Luiz Gama em São Paulo, apenas um pequeno busto no Largo do Arouche, perto do centro da cidade.

Retrato de Luiz Gama, elaborado por Ângelo Agostini, na capa da revista *Ilustrada*, de 2 set. 1882, Rio de Janeiro (RJ).

HERÓI DAS PALAVRAS

HERÓI DE BARRO

QUANDO NASCEU, Lampião foi batizado como Virgulino Ferreira da Silva, na cidade de Vila Bela, em Pernambuco, no distante ano de 1898. Alfabetizado e com certa formação, ainda moço teve o pai morto por tropas do governo. Seu percurso nos anos seguintes, até sua morte em 1938 por policiais, foi de banditismo e rebelião contra o governo, Exército e os "macacos", que era como os nordestinos pobres chamavam a polícia.

Lampião formou o mais conhecido bando de cangaceiros (grupo de bandidos e guerreiros) do país. Os cangaceiros eram homens livres, pobres, armados por fazendeiros e políticos para prestar assistência aos senhores das terras. Muitas vezes, rebelavam-se e revelavam na violência a única possibilidade de luta por sua liberdade.

O cangaceiro, com suas estrelas nos chapéus de couro, suas roupas e apetrechos coloridos e desenhados, produzia uma forma de cultura singular – marcada pelas crenças próprias e pelo espírito de autonomia e liberdade. Será Lampião um herói?

Para muitos, foi um sanguinário bandido, a serviço dos seus caprichos ou dos interesses dos poderosos. Para outros, um homem que enfrentou com valentia a opressão de um governo autoritário e elitista, combateu os grandes senhores em uma terra de desassossego e humilhações para os mais pobres. Como reflete Graciliano Ramos, num mundo coberto de misérias e desigualdades, a violência do homem do povo é uma linguagem, uma espécie de forma de se humanizar pela valentia, pela brutalidade.

Não há mais cangaceiros, mas o apelo ao herói que faz justiça com as próprias mãos não desapareceu. Muitos "Capitães Nascimento" são, afinal, admirados por contrapor ao "sistema" a sua brutal violência.

Lampião não ganhou uma estátua oficial numa bela praça da capital, mas ele e sua companheira Maria Bonita têm estátuas espalhadas por todo o canto. São pequenas e de barro, feitas originalmente pelos ceramistas do sertão pernambucano (entre os quais o maior deles foi Mestre Vitalino), hoje reproduzidas aos montes. Muitos nordestinos e turistas desejam preservar (e lembrar) a memória de Virgulino e de suas façanhas por meio de uma estátua da arte popular.

Esculturas de barro de Lampião e Maria Bonita feitas por Mestre Vitalino.

QUANDO FOI BRUTALMENTE ASSASSINADO em 1988, Chico Mendes já era conhecido em todo o mundo. Francisco Alves Mendes Pinto foi um seringueiro que se destacou na luta por melhores condições de vida para os povos da floresta – trabalhadores que vivem da atividade extrativista. Seu esforço permitiu a criação de dezenas de unidades de conservação de uso sustentável na floresta amazônica.

Chico Mendes foi morto pelos fazendeiros que desejavam derrubar a floresta para vender madeira e abrir novos pastos para o gado. Para eles, os ambientalistas são um atraso na vida do país. Melhor matar. Foi assim com os índios desde a chegada dos europeus.

Líderes do movimento ambientalista continuam morrendo impunemente todos os anos. Segundo levantamentos da Comissão Pastoral da Terra, 1.580 pessoas foram assassinadas no país em decorrência de conflitos no campo, no período de 1985 a 2010. A Justiça do Brasil levou menos de cem pessoas à cadeia por esses casos. Ou seja, para cada 17 assassinatos, apenas um assassino é preso. Será que tudo continua igual, quinhentos anos depois?

Em 2007, uma lei federal criou o Instituto Chico Mendes dentro do Ministério do Meio Ambiente. Essa autarquia tem como missão criar e gerenciar territórios de conservação ambiental no país com o objetivo de preservar a biodiversidade e garantir a sobrevivência das populações nativas e seus modos de vida em harmonia com o meio ambiente. O instituto luta diariamente para proteger o patrimônio natural e garantir condições de vida dignas para as populações extrativistas, orientando-as também para o turismo sustentável.

Parece que a história pode mudar. Mataram um, mas hoje existem centenas de Chicos Mendes no instituto que leva o seu nome, lutando por seus ideais com respaldo da lei.

Chico Mendes, em Xapuri (AC), 1988.

HERÓI DA FLORESTA

HEROÍNA MUSICAL

CHIQUINHA GONZAGA FOI MULHER numa época machista. Era mulata, filha de um general com uma negra pobre, num país onde a escravidão era lei. Adotou a música popular das ruas e as rodas de samba em meio aos salões da elite, que consideravam o violão coisa de vagabundos, uma questão de polícia. Foi obrigada a se casar e a abandonar o piano que amava. Apesar de tudo isso, tornou-se uma das compositoras mais importantes da música brasileira de todos os tempos. Separou-se do marido que a oprimia, quando a sociedade considerava isso inaceitável, e, com mais de 50 anos, viveu às escondidas uma história de amor com um jovem de 16 anos.

Chiquinha é uma das grandes heroínas que o Brasil já teve. Nunca se deixou oprimir e lutou por seus direitos, seus amores e sua dignidade sem jamais se deixar subjugar.

Nascida Francisca Edwiges Neves Gonzaga, em 1847, foi criada num ambiente de rigorosa disciplina por ser filha de um general do Império, batizada por ninguém menos que o marechal Duque de Caxias, ela preferia aprender música nas rodas de escravos – onde se tocavam e dançavam o lundu e a umbigada – a se limitar aos recitais dos salões. Misturava esse tempero africano às aulas de piano que recebia em casa. Com essa mistura, compôs alguns dos mais lindos choros da música brasileira, como "Atraente" e "Corta jaca". Com seu talento popular, criou também marchinhas de Carnaval, como a famosa "Ô abre alas".

Depois de se separar do primeiro marido, Chiquinha tocou em lojas de piano para sustentar a si e ao filho mais velho.

Casou pela segunda vez, mas, por não suportar as traições do marido, separou-se novamente e foi viver só. Até que conheceu o jovem João Batista Lage, de 16 anos, com quem se permitiu viver uma história de amor que durou até sua morte, às vésperas do Carnaval de 1935.

Chiquinha abriu o caminho para a música popular num país racista e elitista. E foi pioneira numa série de direitos que as mulheres tiveram que conquistar à força no século XX.

Fizeram um modesto busto para ela no Rio de Janeiro. Mas Chiquinha não precisa dele para preservar sua memória: ela ficará viva para sempre por meio de sua música.

Retrato de Chiquinha Gonzaga, 1877.

QUEM SÃO OS SEUS HERÓIS?

REFLETIMOS AQUI SOBRE ALGUNS HERÓIS OFICIAIS e escolhemos alguns heróis alternativos. Mas esses heróis são apenas as escolhas de dois amigos que se encontraram para escrever este livro: Pedro Puntoni – historiador e professor – e Luiz Bolognesi – cineasta e escritor.

A reflexão que este livro propõe não pretende trocar uma verdade por outra, mas provocar a reflexão onde ela parece perigosamente adormecida.

Nós, Pedro e Luiz, nos conhecemos desde os tempos do Ensino Médio e nos tornamos amigos mesmo na época da faculdade. Desde então, 20 anos se passaram, e a vontade de mudar o mundo continua viva nas nossas conversas toda vez que nos encontramos.

Fazer este livro foi muito divertido e prazeroso, como todo trabalho deve ser. Refletimos muito e fizemos juntos uma lista de quem seriam alguns de nossos heróis.

Agora perguntamos: se você fosse fazer uma lista de seis heróis, quem seriam? Por quê?

Que tal você colocar isto no papel: sua lista pessoal de seis heróis e o motivo pelo qual você escolheu cada um deles?

Outra coisa bem legal de fazer: juntar-se com seus melhores amigos e fazer juntos uma lista de seis heróis que todos admirem. Um herói só pode estar na lista se todos concordarem com ele.

Vocês podem trocar essas listas com outros grupos de amigos nos seus blogs e nas redes sociais. Vamos escrever a nossa própria versão da História! Importante demais: respeitar a lista dos outros. O barato desse mundo é a diferença de cores, músicas e ideias. Imagine se fosse tudo igual, que chato!

A História precisa de heróis?
Notas de rodapé costumam ser consideradas chatas. Mas como nós, Pedro e Luiz, adoramos notas de rodapé e estamos acostumados a descobrir verdadeiros tesouros nessas notinhas em letras pequenas, resolvemos colocar numa nota as duas questões mais importantes deste livro. Lá vai! Será que a História precisa de heróis para entendermos melhor o passado? Será que a melhor maneira de entender a História é por meio dos heróis? Por exemplo: costumam dizer que Romário ganhou a Copa de 1994. Conforme o tempo foi passando, Ronaldo acabou virando o único herói da Copa que conquistamos em 2002 e, desse jeito, Neymar pode ser o único herói lembrado pela conquista da Copa Libertadores pelo Santos, em 2011. Mas isso reflete bem o que ocorreu? E Bebeto em 1994? Os marcadores adversários não podiam deixar Bebeto sozinho porque ele não perdoava. Isso não foi importante para Romário ter algum espaço para fazer seus gols? E Rivaldo em 2002? Quando ele não tocou na bola e deixou de modo genial ela passar para Ronaldo chutar para o gol na final contra a Alemanha, não foi um fato histórico fundamental? E a bola que Marcos espalmou quando o alemão cobrou com perfeição uma falta e a bola ia entrando no cantinho? Será que, se o goleiro Marcos não tivesse feito aquela defesa brilhante quando estava zero a zero, o Brasil não ia se desequilibrar como havia acontecido quatro anos antes, quando apanhamos de três a zero dos franceses em plena final de Copa? Muitas perguntas, né? Mas a boa História é assim mesmo: ela se faz com questionamentos.

LUTAS.DOC

A HISTÓRIA CONTINUA EM DVD

O BRASILEIRO É PACÍFICO OU VIOLENTO? QUEM SÃO OS NOSSOS HERÓIS?
Essas são duas das perguntas essenciais que estão na base do documentário *Lutas.doc*, que integra o livro que você acabou de ler. O vídeo apresenta um conjunto de entrevistas com estudiosos, artistas, líderes comunitários e políticos articulados com cenas de filmes, em uma mistura ágil e original, bem no ritmo alucinado da própria sociedade brasileira contemporânea.

No documentário, as perspectivas da Psicologia, da Economia, da História, da Filosofia e da Sociologia entrecruzam-se não para fornecer respostas, mas para suscitar questionamentos: quando um fala que o brasileiro é violento, vem outro e diz o contrário (mas, de fato, ambos têm lá sua razão). Essa estratégia de narrativa privilegia o pensamento crítico que, na verdade, está na sensibilidade e agrada a todo ser pensante.

O DVD complementa o livro, que parte da mesma abordagem crítica e vibrante do passado e do presente. Os grandes personagens da nossa História, como Tiradentes, Duque de Caxias e Zumbi, aparecem aqui desnudados em suas contradições e conflitos, nem tanto mocinhos, nem bandidos, mas como construções de épocas posteriores. Ao lado deles, surgem os heróis sem estátua, alguns desconhecidos do grande público, outros nem tanto, como Chico Mendes. Em todos os casos, a intenção é perguntar: quem são os seus heróis?

Livro e vídeo permitem uma discussão não só profunda, mas também ao gosto do tempo presente. Num mundo marcado pela brevidade das narrativas, o volume apresenta textos curtos, ao estilo de uma página virtual, de leitura rápida, assim como o vídeo. Difícil imaginar maior integração entre duas estruturas narrativas diversas. A História é capaz de mudar, como está escrito no volume, e isso reaparece, inúmeras vezes, em tantos exemplos, como a mostrar que do passado só restam suas narrativas.

Esse material busca uma relação da História refletida com a vida. Para citar uma frase antiga, atribuída ao pensador grego Sócrates: "A vida sem exame é indigna do homem". No caso brasileiro, isso é ainda mais relevante, já que nossa sociedade continua a ser uma das mais desiguais do mundo, ainda que as pessoas estejam entre as mais felizes. São contradições como essa que poderão ser exploradas, com grande proveito, por todo aquele que se deixar envolver pelos textos e vídeos deste volume. Haveria algo melhor do que isto?

Pedro Funari
Arqueólogo, professor titular do Departamento de História da Universidade Estadual de Campinas (Unicamp)

REFERÊNCIAS

AUTORES CITADOS

BENJAMIN, Walter. "Sobre o conceito da história" [1940]. In: _____. *Obras escolhidas*: magia e técnica, arte e política. São Paulo: Brasiliense, 1996. v. 1.

FOUCAULT, Michel. *Microfísica do poder* [1979]. São Paulo: Graal, 2006.

NORA, Pierre. Org. *Les lieux de mémoire*. Paris: Gallimard, 1984-92. 3t.

ARENDT, Hannah. *Eichmann em Jerusalém*: um relato sobre a banalidade do mal [1963]. São Paulo: Cia. das Letras, 1999.

RAMOS, Graciliano. *Memórias do cárcere*. Rio de Janeiro: Record, 2008.
_____. *Vidas secas*. Rio de Janeiro: Record, 2006.

PARA SABER MAIS

Sobre a Segunda Guerra Mundial
SHIRER, Willian L. *Ascensão e queda do Terceiro Reich* [1960]. São Paulo: Agir, 2011.

Sobre D. Pedro I
OLIVEIRA, Cecília Helena de Salles; MATOS, Claudia Valladão de. *O brado do Ipiranga*. São Paulo: Edusp, 1999.

Sobre Anhanguera
MONTEIRO, John Manuel. *Negros da terra*. São Paulo: Cia. das Letras, 1994.

Sobre os bandeirantes
ALENCASTRO, Luiz Felipe de. *O trato dos viventes*: formação do Brasil no Atlântico Sul – séculos XVI e XVII. São Paulo: Cia. das Letras, 2000.

FAUSTO, Boris. *História do Brasil*. 14. ed. São Paulo: Edusp, 2012.

MONTEIRO, John Manuel. *Negros da terra:* índios e bandeirantes nas origens de São Paulo. 3. ed. São Paulo: Cia. das Letras, 1994.

Sobre Anchieta
MOTTA, Marcus de Alexandre. *Anchieta:* dívida de papel. Rio de Janeiro: FGV, 2000.

Sobre Tiradentes
CARVALHO, José Murilo de. *A formação das almas*. São Paulo: Cia. das Letras, 1990.

Sobre Duque de Caxias
SOUZA, Adriana Barreto. *Duque de Caxias:* o homem por trás do monumento. Rio de Janeiro: Civilização Brasileira, 2008.

Sobre a Guerra do Paraguai
DORATIOTO, Francisco. *Maldita guerra:* nova história da Guerra do Paraguai. São Paulo: Cia. das Letras, 2002.

LEMOS, Renato. *Cartas de guerra*: Benjamin Constant na Guerra do Paraguai. Rio de Janeiro: Iphan, 2005.

SALLES, Ricardo. *Guerra do Paraguai:* escravidão e cidadania na formação do Exército. Rio de Janeiro: Paz e Terra, 1990.

Sobre Zumbi
GOMES, Flávio. Org. *Mocambos de Palmares:* História e fontes (séculos XVI-XIX). Rio de Janeiro: 7Letras, 2010.

Sobre Getúlio Vargas
FAUSTO, Boris. *Getúlio Vargas:* o poder e o sorriso. São Paulo: Cia. das Letras, 2006.

Sobre Michael Jackson
Procure na internet o vídeo "They Don't Care About Us".

Sobre Marcinho VP
BARCELOS, Caco. *Abusado* – o dono do morro Dona Marta. Rio de Janeiro: Record, 2003.

Sobre os índios no Brasil
SILVA, Aracy Lopes da; GRUPIONI, Luiz Donizete B. *A temática indígena na escola* – novos subsídios para professores de 1º e 2º graus. Brasília: MEC/MARI/UNESCO, 1995.

Sobre Manuel Balaio
ALENCASTRO, Luiz Felipe de. "Memórias da Balaiada". In: *Novos Estudos CEBRAP*. São Paulo, n. 23, mar. 1989.

Sobre Luiz Gama
AZEVEDO, Elciene. *Orfeu de Carapinha, a trajetória de Luiz Gama na imperial cidade de São Paulo*. Campinas: Editora da Unicamp, 1999.

Sobre Lampião
GRUNSPAN-JASMIN, Elise. *Lampião:* senhor do sertão. São Paulo: Edusp, 2006.

Sobre Chico Mendes
VENTURA, Zuenir. *Chico Mendes:* crime e castigo. São Paulo: Cia. das Letras, 2003.

Sobre Chiquinha Gonzaga
DINIZ, Edinha. *Chiquinha Gonzaga:* uma história de vida. Rio de Janeiro: Zahar, 2009.

MEUS
HERÓIS
NÃO
VIRARAM
ESTÁTUA

Esta obra foi composta nas fontes
Akkura, Politica, Beton e Odyssea,
sobre papel Offset 90 g/m²,
para a Editora Ática.